Factory of Tears

Factory of Tears

Valzhyna Mort

Valzhyna Mort *(signature)*

to Dan *(handwritten)*

translated from Belarusian by the author and
Elizabeth Oehlkers Wright and Franz Wright

in Seattle *(handwritten)*

January 4, 10 *(handwritten)*

詩 Copper Canyon Press
Port Townsend, Washington

Copyright 2008 by Valzhyna Mort

All rights reserved

Printed in the United States of America

Cover art: Iveta Vaivode, "untitled 1" from the series *Hospitals*, 2006. Lamda print, 50 × 60 cm.

Copper Canyon Press is in residence at Fort Worden State Park in Port Townsend, Washington, under the auspices of Centrum. Centrum is a gathering place for artists and creative thinkers from around the world, students of all ages and backgrounds, and audiences seeking extraordinary cultural enrichment.

LIBRARY OF CONGRESS CATALOGING-IN-PUBLICATION DATA

Mort, Valzhyna, 1981–
[Poems. English. Selections]
Factory of tears / Valzhyna Mort; translated from Belarusian by the author and Elizabeth and Franz Wright.
    p. cm.
ISBN 978-1-55659-274-4 (pbk.: alk. paper)
1. Mort, Valzhyna, 1981—Translations into English. I. Wright, Elizabeth (Elizabeth Oehlkers) II. Wright, Franz, 1953– III. Title.
PG2835.3.M67A2 2008
891.7'9914—dc22

2007034880

9 8 7 6 5 4 3 2

Copper Canyon Press
Post Office Box 271
Port Townsend, Washington 98368
www.coppercanyonpress.org

to grandmother

ACKNOWLEDGMENTS

Some of the poems in this collection appeared in *Cannibal, Cranky Literary Journal, Hanging Loose, Kafka, Lyrikline, Orient Express, Poetry, Volt, Wherever We Put Our Hats,* and *Words Without Borders.*

Special thanks to Alison Granucci of Blue Flower Arts.

Contents

Factory of Tears

Беларуская мова 1

нават нашы маці ня знаюць як мы з'явіліся ў сьвет
як мы самі рассунуўшы іхнія ногі вылезьлі вонкі
так вылазяць пасьля бамбардзіроўкі з руінаў
мы ня ведалі хто з нас хлопец а хто дзяўчына
і жэрлі зямлю і думалі што жарэм хлеб
а нашая будучыня —
гімнастачка на тонкай нітачцы далягляду —
што там яна толькі
не вырабляла
бля

мы вырасьлі ў краіне дзе
спачатку крэйдай крэсьляць дзьверы
і ўночы прыязжаюць дзьве-тры машыны
і звозяць нас але
ў тых машынах былі не мужчыны
з аўтаматамі
і не жанчына с касою
але так да нас прыязджала каханьне
і забірала з сабою

толькі ў грамадскіх туалетах мы адчувалі свабоду
дзе за двесьці рублёў ніхто не пытаў што мы там робім
мы былі супраць сьпёкі летам супраць сьнега зімой
а калі апынулася што мы былі нашай мовай
і нам вырвалі языкі мы пачалі размаўляць вачыма

Belarusian 1

even our mothers have no idea how we were born
how we parted their legs and crawled out into the world
the way you crawl from the ruins after a bombing
we couldn't tell which of us was a girl or a boy
we gorged on dirt thinking it was bread
and our future
a gymnast on a thin thread of the horizon
was performing there
at the highest pitch
bitch

we grew up in a country where
first your door is stroked with chalk
then at dark a chariot arrives
and no one sees you anymore
but riding in those cars were neither
armed men nor
a wanderer with a scythe
this is how love loved to visit us
and snatch us veiled

completely free only in public toilets
where for a little change nobody cared what we were doing
we fought the summer heat the winter snow
when we discovered we ourselves were the language
and our tongues were removed we started talking with
    our eyes

а калі ў нас выкалалі вочы мы пачалі размаўляць рукамі
калі нам адсяклі рукі мы размаўлялі пальцамі на нагах
калі нам прастрэлілі ногі мы ківалі галавою на «так»
і хісталі галавою на «не»… а калі нашыя галовы з'елі
    жыўцом
мы залезлі назад ў чэравы нашых сьпячых маці
як у бомбасховішчы
каб нарадзіцца ізноў

а там на даляглядзе гімнастачка нашай будучыні
скакала праз вогненны абруч
сонца

when our eyes were poked out we talked with our hands
when our hands were cut off we conversed with our toes
when we were shot in the legs we nodded our heads for yes
and shook our heads for no and when they ate our heads
    alive
we crawled back into the bellies of our sleeping mothers
as if into bomb shelters
to be born again

and there on the horizon the gymnast of our future
was leaping through the fiery hoop
of the sun

для А.Б.

нават цяжка паверыць
што мы былі яшчэ маладзейшыя
чым цяпер
што нашая скура была такая тонкая
што вены блакітнелі праз яе
як лінеечка ў школьных сшытках
што сусьвет быў простым дваровым сабакам
і кожны раз сустракаў нас ля дому пасьля ўрокаў
і мы ўсё хацелі забраць яго да сябе
а потым яго забраў нехта іншы —
даў імя
і навучыў камандзе "чужы"
на нас

і таму мы прачынаемся па начох
і запальваем сьвечкі тэлевізараў
і ў іх цёплым полымі пазнаем
твары і гарады
і сьмелыя зранку зьвяргаем
яечню з патэльні...

а наш сабака вырас на чужым павадку
а нашы маці раптам перасталі спаць з мужчынамі
і гледзячы на іх сёньня
усё лягчэй паверыць у нявіннае зачацьце

~~~

for A.B.

it's so hard to believe
that once we were even younger
than now
that our skin was so thin
that veins blued through it
like lines in school notebooks
that the world was a homeless dog
that played with us after class
and we were thinking of taking it home
but somebody else took it first
gave it a name
and trained it *stranger*
against us

and this is why we wake up late at night
and light up the candles of our tv sets
and in their warm flame we recognize
faces and cities
and courageous in the morning
we dethrone omelets from frying pans...

but our dog grew up on another's leash
our mothers suddenly stopped sleeping with men
and looking at them today
it's so easy to believe in the immaculate conception

а зараз уяві сабе:

дзесьці ёсць гарады
з каменнымі белымі дамамі
раскіданымі ўздоўж берагу акіяну
як яйкі гіганцкіх марскіх птушак
і ў кожным доме—легенда пра капітана
і кожная пачынаецца так:
"Малады і прыгожы..."

and now imagine:

somewhere there are towns
with white stone houses
scattered along the ocean shore
like the eggs of gigantic water birds
and every house carries a legend of a captain
and every legend starts with
"young and handsome..."

Верш пра белы наліў

белыя яблыкі, першыя яблыкі лета,
са скурай пяшчотнай бы ў немаўляці,
хрусткія як белы зімовы сьнег.
ваш водар мне не дае спакою.
так па начах мерцьвякі
мучаць сваіх забойцаў,
белыя яблыкі,
так кожны ліпень зямля
цяжэе пад вашай вагай.

а тут толькі сьмецьце пахне як сьмецьце...
а тут толькі слёзы смакуюць як соль...

як мы зьбіралі вас,
нібы ракушкі зялёных садоў-акіянаў,
адарваўшыся ад матчыных грудзей,
вучыліся
ва ўсім шукаць асяродак зубамі.

што ж нашы зубы тут сталі як вата...

белыя яблыкі,
у чорнай вадзе рыбакі,
выкармленыя вамі, тонуць.

A Poem about White Apples

white apples, first apples of summer,
with skin as delicate as a baby's,
crispy like white winter snow.
your smell won't let me sleep,
this is how dead men
haunt their murderers' dreams.
white apples,
this is how every july the earth
gets heavier under your weight.

and here only garbage smells like garbage…
and here only tears taste like salt…

we were picking them
like shells in green ocean gardens,
having just turned away from mothers' breasts
we were learning
to get to the core of everything with our teeth.

so why are our teeth like cotton wool now…

white apples,
in black waters, the fishermen,
nursed by you, are drowning.

Бабуля

мая бабуля
ня ведае болю
яна думае што
голад — гэта ежа
галота — гэта багацьце
смага — гэта вада

яе цела як вінаград абвілася вакол палкі
яе валасы як пчаліныя крылцы
яна глытае сонечныя зайчыкі таблетак
называе інтэрнэт тэлефонам ў амэрыку

яе сэрца стала ружаю — яго толькі і можна
што нюхаць
прыціскаючыся да яе грудзей
больш ад яго ніякага толку
толькі кветка

яе рукі як ногі бусла
чырвоныя палачкі
і я сяджу на кукішках
і выю ваўком
на белаю поўню тваёй галавы
бабуля
я кажу табе: гэта ня боль
гэта так моцна цябе абдымае бог
цалуе і коле сваёй няголенай шчакою

Grandmother

my grandmother
doesn't know pain
she believes that
famine is nutrition
poverty is wealth
thirst is water

her body like a grapevine winding around a walking stick
her hair bees' wings
she swallows the sun-speckles of pills
and calls the internet the telephone to america

her heart has turned into a rose the only thing you can do
is smell it
pressing yourself to her chest
there's nothing else you can do with it
only a rose

her arms like stork's legs
red sticks
and i am on my knees
howling like a wolf
at the white moon of your skull
grandmother
i'm telling you it's not pain
just the embrace of a very strong god
one with an unshaven cheek that scratches when he
    kisses you

~~~

мабыць табе таксама часам здаецца
што бог падобны да завуча школы
які ніколі не ставіць пяцёрак
аднойчы выклікае тваіх бацькоў да сябе
і хто ведае што ён ім там кажа
мабыць што ўсё ня мела ніякага сэнсу
бо ты ніколі ня скончыш жыцьцё
з чырвоным дыплёмам
мабыць нешта іншае
мабыць нават зусім зусім іншае
але бацькі пасля гэтака выкліку
ўжо ніколі не вяртаюцца да цябе
мабыць ад сораму
суседскі хлопчык кажа што яны памерлі
кажа паглядзі нават Бітлз паміраюць
што там твае бацькі
іх ніхто акрамя цябе і не ведаў
і ўсе іх песні напісаныя іншымі

а ты ўсё не верыш не спіш плачаш дома
плачаш сярод знаёмых і незнаёмых людзей на вуліцы
бо твае бацькі сышлі і саромеюцца да цябе вярнуцца

~~~

maybe you too sometimes fantasize
that god resembles your most difficult teacher
the one who never gave the highest mark
one day he invites your parents to school
and who knows what he is telling them there
perhaps that any further effort is now futile
because you're never going to graduate from life
with honors
maybe something different
something completely and utterly different
but when this talk is done
your parents never come back
maybe they're ashamed now
a boy from the neighborhood tells you they're dead
he says look even the Beatles die
never mind your parents
besides who knew them except you
all their songs were written by other people

but you refuse to believe him
can't get any sleep
you cry at home
you cry among people you know
and people you don't know
on the street
because your parents have left and are ashamed
to return to you again

A Portrait of a Mother in Fall

we tie a knot on everything that bends
and only our necks are free of knots
the sky like the soggy feathers of a bird
that's sleeping or most likely dead

and dinner comes
exchanges food
for our time

she used to bend over her teacup brim
as if it were the edge of the universe
and she would sip and pause
and sip and pause
and never talk
of what she might have seen

and it is comforting to know
when far away:
the end of the world
is in our mother's hands

There is no Belarusian version of this poem.

Малалеткі

мы ж дзеці

між дзён і начэй
нібы між ног дарослых на танцпляцоўцы
фарбуем твары як велікодныя яйкі
падсоўваем ў рот адно аднаму
ў чырвоных канвэртах
сваіх языкоў
хабар

мы ж дзеці
нам што сімбад мараход
што алах ахбар

у бога няверуючыя але шчыра ўдзячныя
хрысту за ягоную кроў
і кожны з нас гатовы
плаціць за яе вялікія грошы

мы ж дзеці
што можа быць горш
такога жыцьця як у нас і ў кіно не пабачыш

і лета—нашая таўстазадая нянька
нас укарміла сваім салодкім трафік джэмам
у жаралах гарадоў пра якія мы кажам

Juveniles

because we are children

between days and nights
as between adults' feet in a dance hall
painting our faces like easter eggs
slipping into one another's mouth
our tongues
like red envelopes
bribes

because we are children
ali baba and *allahu akbar*
are the same to us

unbelievers we are sincerely grateful
to christ for his blood
and each one is fully prepared
to pay a lot of money for it

because we are children
what could be worse?
the life we live—you'll never see anything like it, even in
 ꞏⅼ ⅼⅼ ⅿⅿⲟⱱⅼⲟⲟ

and summer our fat-ass nanny
is feeding us her sweet traffic jam
in the craters of cities whose names we're reciting

выключна "на Вы і *шепотом*"
мы ж дзеці
мы цукар зямлі

і гэта толькі ад сьвятла сьвятлафораў
мы здаемся зялёнымі
але пабачыш як праз хвіліну
сьвятлафоры разьдзяруць свае грудзі
і выставяць чырвоныя сэрцы

таму што мы дзеці
малалетнія людзі

і мы ляцім на ўсіх самалётах
і ўсе самалёты ляцяць да мінску
таму што мы дзеці
і маем права на горад дзяцінства

starting with *sir* in a whisper
because we are children
we are the sugar of the earth

and if we seem green
it's only on account of the traffic lights
but in an instant you will see
the lights will tear open their chests
revealing red hearts

because we are children
juveniles

and we fly all airplanes
and all airplanes fly to minsk
because we are children
no one is going to deny us the city we grew up in

Сям'я

гэта ня тое як склеіць разьбіты кубак

гэта пра тое як сабраць па кроплі
распырсканы па ўсім сьвеце акіян

ты скруціўся ракавінкай на краі ложка
так раптоўна
так неадкуль
быццам цацка што закацілася пад шафу

і твая калумбіха тут
вочы чырвоныя як мяса
вылупіла але ня бачыць
далей за нос свайго карабля

хто ж выберацца адкрываць цябе зараз
калі ўсе мапы ўжо купленыя і ўстаўленыя ў рамы
хто паверыць табе
што акіян гэта дзіра
што накінула на сябе шэрае прасцірадла
і гуляе з намі ў прывіды

Marriage

this isn't how you glue a broken cup

it's collecting drop by drop
ocean sprayed all around the world

you've curled up on the edge of the bed
so suddenly
so out of the blue
like a toy that has rolled under a wardrobe

and your mrs. columbus is here
with eyes red like meat
peering but not seeing
farther than the nose of her ship

who would set off to discover you now
when all maps are purchased and framed
who would believe
that the ocean is a hole
that threw upon itself a gray bedsheet
to play ghosts with you and me

Больніца

калі доўга стукаць
галавою
аб бэтонную сьцяну
бэтон стане цёплым...
і да яго
можна будзе прытуліць
сваю шчаку
падобную да марской зоркі-мэдузы
адчуць
як зазямляецца праз цела памяць
і дачакацца імгненьня
калі твае вочы
ператворацца ў неваляшак
а стракаты сусьвет
падасца глыбокай дзіркаю
ў мыйніцы

Hospital

when someone spends a lot of time running
and bashing his head
against a cement wall
the cement grows warm
and he curls up with it
against his cheek
like a starfish a medusa
and senses
how the body uses memory
to bind it to the earth
and he waits there for the moment
when his eyes turn
into wobbling tops
and the whole colorful universe
appears like the deep
hole in the sink

~~~

ці гэта згублены табою волас
пусьціў карэньне
пасьля таго як на пустыню прасьціны
ўпалі
дажджом доўгачаканым целы

ці гэта гады
разбуджаныя ў пячорах коўдры
свае вогненныя
высунулі языкі
альбо фантанам крыві
сканала паветра
задыхнулася
паміж двух целаў
унутры

белая пена — вось чым стала прасьціна
і хвалі коўдры вынесьлі на падлогу
дзьвюх рыбаў што рты выварочваюць няўмела
і што гэта там вісіць
ці не чырвоны месяц
ці гэта бог узьняў свой голас
і кінуў уніз
і ён упаў на дом мой громам
і нерухомаю маланкай
на маім ложку
стаіць туліпан

~~~

was it a hair you lost
one that's grown roots
when upon the sheet's desert
two bodies
fell like welcome rain

or were those snakes
startled awake in the caves of the blanket
snakes that stuck out
their fiery tongues
like a fountain of blood
the air died
strangled
between two bodies

white sea foam
this is what's become of the sheet
and the blanket waves tossed
two fishes on the floor
turning their mouths inside out
and what is that hanging there
if not a red half-moon
or was it god
who cast down his voice
and the voice struck my house like thunder
as frozen lightning
from my bed
grows a single tulip

Музыка саранчы

чаго б я хацела

быць маленькай вяснушкай на носе ветру
ехаць у машыне з адчыненым верхам
побач з мужчынам у сталым веку
а хай і падлеткам

і быццам усё што было дагэтуль
толькі мытня за якою
гэтае лета
закінуў бог ў мяне сэрца
як у пруд манэту
і загадаў жаданьне
і зьнік у паветры
і засталося ўсё акрамя веры

і горы прыселі як бегуны на старце
і вецер уздымае іх зялёныя майкі
а потым горы — гіганцкія чарапахі

а потым ён прапануе мне разьвітацца

і быццам колер ягонае скуры гэта
дакладны колер сонца падчас зьмярканьня
і дарога выскоквае з-пад колаў
як згpaя саранчы і нясецца ўдалеч

Music of Locusts

what i wouldn't give

to be a small freckle on the wind's nose
to ride in a convertible
beside a middle-aged man
a teenager will do

it's as if everything that has happened
is nothing but Security which you have to pass through
in order to get into summer
god tossed a heart like a coin
inside me
as if i were a pond
he made a wish
and lingered in the air
and everything belongs to me but hope

the mountains are kneeling like runners at the starting line
their green t-shirts billowing in the wind
then they are gigantic tortoises

he will offer to leave me

the color of his skin is
like the color of the sun at dusk
and the road is parting in front of the wheels
like an army of locusts as it rushes ahead of us

і быццам вейкі з божых вачэй
падаюць зоркі — ярчэй, яшчэ!
і бог не пасьпявае з жаданьнем
а богу трэба — хутчэй! хутчэй!

і немагчыма заснуць з тым мужчынам
з ім цела становіцца ўначы
музыкай саранчы

like god's stray eyelashes
the stars are falling—more light! more!
god has no time to make a wish
all he can do is cry out faster! faster!

it's impossible to fall asleep next to this man
at night all that's left of my body
is the music of locusts

Калыханка

Мара — ня быць абароненым
ад сьмерці.
Ціха вуснамі вусны
згрэбсьці.
Сьпі, дзіцятка, сьпі...

Мовіць словы,
на якія можна адказаць
толькі маўчаньнем,
і кідаць іх
па начах мне.
Сьпі, дзіцятка, сьпі...

Мы надта маладыя, каб жыць
і старыя каб ісьці на вайну.
Наш занятак —
хутчэй астыць.
Наша справа —
пойти ко дну.
Наша ганьба —
наша слава.
Наша страва —
наша мара —
ня быць абароненым
ад сьмерці.
Ціха вуснамі вусны
згрэбсьці.

Lullaby

our dream is
not to be protected from death
to iron speechlessly
lips with lips
sleep, baby, sleep

to ask questions
that can be answered
only with silence
and throw them at me
through the nights
sleep, baby, sleep

we are too young to live
and too old to be at war
our purpose is
to disperse
our business is
to sink
our shame is
our fame
our meal is
our dream
not to be protected
from death
to iron speechlessly
lips with lips

Ну, і добра.
Ну, і ладна.

Сьпі, дзіцятка, сьпі...

oh just drop it
who even cares

sleep, baby, sleep

кнігі паміраюць

зь цёмных спальняў
дзе адзіная дарога
пракладзеная жоўтай лямпай
вяла да кніжнай старонкі
іх рассоўваюць па ўсіх вуглах дому
ператвараючы яго ў вялікі кніжны могільнік
тых чые імёны ўжо нічога ня кажуць
зносяць на паддашак
дзе яны па дваццаць асобнікаў у адной каробцы
як у брацкіх магілах

кнігі ўдавеюць

у пустых кватэрах
нічыё сэрца больш ня б'ецца над імі
ніхто ня дзеліць зь імі вячэры
не раняе ў ванну

ніхто не заўважае
як яны губляюць старонкі
як валасы
як памяць
кнігі старэюць у адзіноце

~~~

books die

out of dark bedrooms
where the only road
paved by a yellow lamp
led to their pages
they are stuffed in every corner of a house
thus turning it into a huge book cemetery
those whose names do not ring any bell
are taken to the attic
where they lay—twenty books in one box—
a mass grave

books become windows

in empty apartments
nobody's heart beats above them
no one shares with them a dinner
or drops them into a bathtub

nobody watches them
lose their pages
like hair
like memory

books age alone

і самая ўражлівая кніга
назаўсёды застаецца
ў халодным ложку
накрыўшы галаву падушкай
душыць крык сваіх чорных літар

старыя кнігі—
закінутыя магілы

Мілбрук, красавік 2006

and the most sensitive book
stays forever
in a cold bed
covering its head with a pillow
suppressing the scream of its black letters

old books
neglected graves

Millbrook, April 2006

~~~

я
тоненькая
як
твае
вейкі

~~~

i'm
as thin
as your
eyelashes

Гопнікі

Няма нічога больш абсурднага за лета ў горадзе. Усё і ўсе на вачох, але ніхто нікога ня бачыць. У людзей твары, як у мурашоў альбо восаў. Яны ўсюды і, разам з тым, іх нідзе няма. Яны просяць мінулае дазволіць ім сысьці на пяць хвілінаў раней, але спазьняюцца ў будучыню. Яны завісаюць на тэлефонных дратах, як у дарожных корках, але накіруйце да іх свой дзяжурны патруль, набярыце іх нумар—ніхто ня возьме слухаўкі. Нікога няма дома. Ужо нікога няма. Доўгія гудкі нагадваюць голас уладальніка тэлефона. Пэўна, ня толькі сабака падобны да свайго гаспадара. У адных гудкі гучаць задзірліва спакойна—так, нехта можа абысьціся ў гэты вечар і безь мяне. У другіх—нібыта прабачаюцца, просяць дараваць ім іхняе існаваньне. У трэціх—заляцаюцца, ліжуць вуха. У чацьвёртых—піп-пі-піііііііііііііііііііііііп—пасылаюць на хуй.

Я кладу слухаўку, саджуся зьверху на тэлефон. У панадворку, ля пад'езду таўкуцца гопнікі. Седзячы галышом на тэлефонным апараце ў кватэры на чацьвёртым паверсе, я дакладна чую, як яны рыгаюць там, унізе. Хто-небудзь адзін рыгне, а астатнія рагочуць. Мне спачатку таксама сьмешна. Потым—усё. Я ўзьнімаюся—зьлева на азадку адціснуўся тэлефонны дыск—іду, зачыняю балькон.

White Trash

There's nothing more absurd than summer in the city. Everyone is in sight, but you can't really see anybody. People look like ants or wasps. They ask their past for permission to leave earlier but then they are late for the future. They get stuck in their phone calls, as if in traffic jams, but send the highway patrol to them, dial their number — nobody will answer. Nobody is at home. Already nobody. Long signals remind you of the subscriber's voice. After all, not only dogs take after their masters. Some signals sound superiorly calm — true, somebody can manage through the night without me. Other — as if apologizing, begging you to pardon them of their existence. Other — flirt, lick your ear. The rest — pip piiiiiiiip — tell me to fuck off.

I cradle the receiver, sit down on the rotary. White trash are loitering in the yard outside. Sitting naked on the telephone in the apartment on the fourth floor I hear clearly how they are belching downstairs. One of them belches and the rest burst out laughing. I also laugh at first. Then — enough. I get up — a dialer imprinted on the left buttcheek — go, close the balcony window.

Ёсьць адзін добры спосаб пазьбегчы летняе адзіноты. Гэтая песьня сабе пад нос, як камарыны піск, мышыны скрыгат, гістэрыка мёртвай рыбіны, муха вылізвае шурпатым языком свае крылцы, мастурбацыя. Жаданьне сядзіць у сярэдзіне вішнёвай косткаю, і я выкалупваю яе спрытнымі рукамі. Я — гэта шпакоўня, якая чакае сваіх птушак. Асалода падыходзіць не як асалода, а проста як аўтобус на прыпынак. Чакае хвіліну й зачыняе дзьверы перад самым маім носам, і я застаюся ляжаць, тварам у падушку, і глядзець яму наўздагон. Асалода — паветраны шарык, што лётае ў пакоі, сутаргава выпускаючы паветра. Прасьцірадла здаецца ня проста халодным, а чужым, быццам у яго памачылася незнаёмае дзіця. І толькі гэты страх, гэты сорам перад курынай ножкай на талерцы, заліковаю кніжкай, клявіятурай кампутара, якія ўсё бачылі, і быццам у кожным кутку — нязваны госьць глядзіць і асуджальна круціць галавою. А чым мы займаемся?

Вось і нагода для камунікацыі. Палёт фантазіі. Суразмоўца, які заўсёды за вашай сьпінай. Паважаны, я пратэстую супраць Вашага знаходжаньня ў маім доме. Я пратэстую канкрэтна супраць Вас, канкрэтна супраць Вашага знаходжаньня, канкрэтна супраць свайго дому. Я пратэстую гэтым летам супраць усяго: супраць дрэнных тавараў, кантралёраў у грамадзкім транспарце й супраць тых, хто пратэстуе супраць кантралёраў у грамадзкім транспарце. Але галоўным чынам я пратэстую супраць свайго пратэсту, і гэта адзіны шлях існаваньня такою сьпёкай, калі ўсе лепяць сваё жыцьцё

There's a good method of avoiding summer loneliness. This singing under your breath, like mosquito's droning, mice scraping, the hysteria of a dead fish, a fly licking its wings with a rough tongue, masturbation. Lust is sitting inside me like a cherry pit and I'm picking it out with my quick skilled fingers. I'm a nestling box waiting for my birds. Pleasure doesn't feel like pleasure, it just comes like a bus to the bus stop. Waits for a moment and then closes its doors on my face and there I am, drowned in a pillow, looking as it's driving away. It seems that it's not my sheets. It seems that somebody's kid pissed on them. In every corner, behind the furniture, an unwelcome guest is watching you, shaking his head with disapproval. What are we occupied with?

Voilà! Here comes your possibility for communication. Flight of fancy. Interlocutor who is always behind your back. Sir, I protest against your presence in my apartment. I protest specifically against you, specifically against your presence, specifically against my apartment. This summer I protest against everything: low-quality goods in supermarkets, pigs in the subway, and those who protest against pigs in the subway. Mainly, I protest against my protest and this is the only way to survive this heat, when everybody is sculpting his life from shit. Everything is from shit. Absolutely everything. From the shit warmed under the raging summer sun.

з лайна. Усё з лайна. Абсалютна ўсё. З лайна, якое нагрэлася пад разьюшаным летнім сонцам.

Рэч толькі ў тым, што ёсьць добрае лайно й дрэннае лайно.

Ня ўсе любяць дрэннае лайно. Яно выклікае агіду. За дрэннае лайно можна згніць у астрозе ці проста атрымаць па мордзе альбо выслухаць вымову. Пра дрэннае лайно з абурэньнем апавядаюць дыктары на тэлебачаньні. Зь ім усюды вядуць барацьбу. Уся рэшта — гэта добрае лайно. За яго можна атрымаць мэдаль, новае званьне, ордэн ці некалькі мінімалак. Яго ўвекавечваюць у песьнях і вершах.

Вось раней казалі — адзін у полі ня воін. Цяпер усё наадварот. Сёньня адзін чалавек, кожны чалавек — гэта цэлае войска. Учора адзін — пяхотнік, другі — вершнік, трэці — танкіст. Сёньня ты — гэта й бронетэхніка, і коньніца, і мільённы атрад пяхоты. Азёры тваіх вачэй ужо даўно сталі балотамі, якіх ня здолее перайсьці ніводзін вораг. Твой позірк у пэўных абставінах змог бы замяніць сьлёзацечны газ. Сьляды, што ты пакідаеш на сваім шляху — ня што іншае, як міны, і імі пакрытая ўся зямля. І кожны гадуе ў сваім роце зьмяю. І кожны носіць у сваёй галаве бомбу. І недзе глыбока-глыбока, на самым дне чалавечай істоты, схаваная наймагутнейшая зброя. Толькі ніхто ня ведае, што прыводзіць гэтую зброю ў дзеяньне. Трэба рабіць нешта, запланаванае невядома кім і невядома калі, нешта, што націсьне на патрэбныя рычагі й кнопкі, і гэтая зброя ўмомант

The thing is that there is good shit and bad shit.

Bad shit has a bad reputation. It evokes indignation. For bad shit you can be grounded, sent to prison, or just get smashed in the face. Anchors on TV condemn bad shit. Wherever you thrust your nose—they are fighting to eliminate it. All the rest is good shit. For good shit you can get an award, a medal, or a pretty sum of money. It is immortalized in song and poems.

Once they used to say, "One body is nobody." Now it's all vice versa. Yesterday one was an infantryman, another—a cavalryman; another rode a tank. Today you alone are weapons and the whole cavalry and a brigade of a million infantryman at once. Your glance in certain circumstances can replace tear gas. The footsteps you leave are nothing but mines. And everybody raises a serpent in her mouth. And everybody carries a bomb inside his head. And somewhere deep, on our very bottom, the most powerful weapon is hidden. Only nobody knows what activates this weapon. You have to do something planned nobody knows by whom and when, something that would push the programmed buttons and levers so this weapon would destroy the whole neighborhood.

разьнясе ўсё наваколье. І мне вусьцішна паварушыцца, вусьцішна вымавіць любое новае слова, вусьцішна знаёміцца з новым чалавекам — раптам менавіта ён выявіцца тым забытым кодам, тым зашыфраваным у рухах і гуках паролем, які прывядзе маю зброю ў дзеяньне.

На вуліцы — цемра-процьма. Чую — пайшлі танчыць. У некага дзень народзінаў.

Happy birthday, шчанё.
Happy birthday to you.

Не, б'юцца, а ня танчаць.

—Як патушыць адразу ўсе свечкі на сьвяточным торце?
—Абасцаць.

~~~

Я памятаю, як яна крычэла. Як яна галасіла. Вова, ну чаму, Вова! Воваааааааааааааааа! Ну, чамуууууууууууууууу! Быццам заводзілася вялізная, цяжкая машына. Вова! Быццам завадзіўся трактар, які пераарэ ўсю зямлю. Заводзілася, заводзілася, ну, скажы, што я лепшая за Наташу! Заводзілася, заводзілася, Вова, ну скажыыыыыыыыы! Грымела, бразгатала, скажы, што ты мяне больш за яе кахаеш! І глухла. Глухла з надрывам. Во-ва! Ну, Во-ва! Во-ва. Быццам "ва" — тут, а "во" — на іншым баку гораду. Быццам бы "ва" — на поўдні, а "во" — далёка на поўначы. Быццам "ва" й "во" — гэта два розныя імёны. Быццам бы "ва" й "во" —

And I'm scared to move, scared to pronounce each new word, scared to meet a new person—what if it's they who turn out to be the forgotten code, that password ciphered in movements and sounds, which would detonate my weapon.

Outdoors—pitch-dark. They're dancing. It's somebody's birthday.

Happy birthday, little faggot
Happy birthday to you

No, not dancing. Fighting.

—How to blow out all at once the candles on a birthday cake?
—Piss on it.

~~~

I remember how she was screaming, how she was screeching. Vova, oh why, Vova! Vovaaaaaaaaaaaaaaa! Oh, whyyyyyyyyyyyyyyyyyy! As if a huge vehicle were starting. Vova! As if it were a tractor ready to plow through the whole country. Starting, starting, like tell me that I've got more than Natasha! Starting, starting, Vova, like tell me tha-eaeaeaeaeaeat! Roaring, thundering, tell me that like you love me more! Then suddenly breaking down. Breaking in anguish. Vo-va! Oh Vo-va! Vo-va. As if *vo* is here and *va* is on the other side of the city. As if *vo* is in the north and *va* is in the south. As if *vo* and *va* are two different names. As if *vo* and *va* are two different people. As if *vo* and *va* are two

гэта дзьве розныя асобы. Быццам "во" й "ва"—гэта дзьве
плянэты, якія ніколі не сустрэнуцца. Быццам бы "ва"
было ўчора, а "во" будзе толькі заўтра. Быццам "во"
засталося дзесьці ў мінулым жыцьці, а "ва" засела ў
горле косткай ад рыбіны. Во-ва. Глухла, захлыналася,
як тапелец. І ізноў, адразу ж—паварот ключоў,
счапленьне, газ. Во-ва! Ты ж учора сваёю маці кляўся,
ты ж учора роднай маці кляўся, што мяне больш за
Наташу кахаеш! Ты ж Богам учора кляўся, падонак!
Кляўся, кляўся, сабака! Панеслася, панеслася.
Шаноўнае спадарства! Таварышы жыхары! Галоўнае, бяз
панікі. Не пакідайце сваіх кватэраў, не выходзьце на
вуліцу, не адпускайце дзяцей у школу. Па двары
носіцца некіруемая машына, некіруемая машына,
некіруемая машына.

—учора кляўся
—а сёньня, сёньня я табе кляўся?
—не. сёньня ня кляўся
—дык чаго равеш, чаго хочаш
—учора кляўся, учора кляўся
—а сёньня не клянуся

Задавіла, задавіла цётку з яблыкамі. Задавіла, задавіла
цётку з грушамі. Задавіла, задавіла цётку з булкаю.
Задавіла, задавіла цётку з бульбаю. Задавіла, задавіла
цётку з морквай. Задавіла, задавіла дзедку з бабкаю.
Задавіла, задавіла бабку з унукамі. Задавіла, задавіла
бабку з фруктамі. Задавіла, задавіла дзеўку з пудраю.
Задавіла, задавіла дзеўку-дуру. Задавіла, задавіла
мужыка з рыдлёўкаю. Задавіла, задавіла мужыка зь

planets that will never meet. As if *vo* was yesterday, and *va* will happen only tomorrow. As if *vo* is lost somewhere in the previous life, and *va* is stuck in her throat like a fishbone. Vo-va. Breaking down, choking like a drowning man. And again, in a moment—turn of the keys, clutch and gas. Vo-va! You swore on your mother yesterday, you swore on your own mother that you loved me more than Natasha! You swore on fucking God yesterday, you prick! You swore, like you swore, you son of a bitch! Rushing ahead, rushing around. Dear residents! Comrade tenants! Please, do not panic. Do not leave your apartments, do not go outside, do not send your children to school. An uncontrollable vehicle is rushing around the neighborhood. An uncontrollable vehicle. An uncontrollable vehicle.

—Oh my god, you swore to me yesterday!
—And did I swear today?
—No, you didn't swear today.
—So why are you bitching?
—You swore to me yesterday...
—But today I'm not swearing

Ran over, ran over a whore with cherries. Ran over, ran over a whore with pears. Ran over, ran over a whore with pastry. Ran over, ran over a whore from a monastery. Ran over, ran over a whore with carrots. Ran over, ran over two kids with parents. Ran over, ran over two old farts. Ran over, ran over a chick with fruit. Ran over, ran over a chick in boots. Ran over, ran over a young moron. Ran over, ran over a man with an ax. Ran over, ran over a man with a knife. Ran over, ran over a man with a bottle. Ran over,

сякераю. Задавіла, задавіла мужыка з гарэлкаю. Задавіла, задавіла мужыка з гранатаю.

~~~

Ну, хто яшчэ не чакае, пакуль яго знойдзе шчасьце, хто сам сьпяшаецца яму насустрач, хто сам зьлепіць сваю радасьць, як сьнежную бабу, як пельмень, хто аб'явіць ёй вымову за спазьненьне? Хто ўшчыпне за азадак каханьне, хто даплюне да сяброўства, хто надрапае сваё імя на сьпіне сумлення? Хто тут гатовы ўзяць посьпех за горла, пасадзіць яго на гаршчок са словамі: "Вось ты мне й трапіўся, сруль гарохавы!"

Колькі людзей загінула пад час чарговага тэракту ў Чачне? Ці хопіць Чачне зямлі, каб пахаваць усіх, хто прыйшоў яго вызваляць сам ад сябе? Колькі чалавек потым разаб'е сабе галаву аб мармуровыя пліты гэтых могілак? Калі тэрарысты цягам трох дзён будуць забіваць па два заложнікі ў гадзіну, колькі ўсяго атрымаецца забітых?

Патрэбныя дакладныя лічбы, выразныя адказы. Патрэбныя гульцы, якія яшчэ не баяцца выходзіць з дому, не баяцца садзіцца ў цягнік, не баяцца адчыняць свае валізы, людзі, у якіх застаўся толькі адзін прынцып у жыцьці: гэта здарыцца не са мною.

Але ня трэба кідацца ў гістэрыку, Вы, інжынэр з Самары, і Вы, мэнэджэр зь Пінску, фінансіст з Бранску, настаўніца з Калугі, былы лётчык з Архангельску, беспрацоўны з чорт ведае якой вёскі. Гэта адно гульня, і

ran over a man that was bound. Ran over, ran over a man
with a bomb.

~~~

So who is not waiting till happiness finds him, who is
rushing ahead to meet it halfway, who is building his joy
like a snowman, a dumpling, who will reprimand it for be-
ing late? Who will pinch the ass of love, who will spit over
to friendship, who will carve his name on the back of con-
science? Who is ready to take luck by the throat, and make
it sit on the potty whispering into its ear: "Finally you're
mine, pain in the ass"?

How many people died during the last terrorist attack in
Chechnya. Will Chechnya have enough land to bury those
who came there to free that land from themselves. How
many people will crash their heads against those granite
gravestones. Say if terrorists kill two hostages per hour,
how many dead men would we get in a three-day period.

Exact numbers, well-uttered answers are in high demand.
We need players who are still not afraid to go outside, not
afraid to take trains, open their suitcases, people whose
main life principle is "It won't happen to me."

But don't get hysterical, you, engineer from Samara, and
you, manager from Pinsk, financier from Dryansk, teacher
from Kaluga, ex-pilot from Arkhangel'sk, the unemployed
from the middle of nowhere. This is just a game and you
can still use one or more of the available lifelines described
below: fifty-fifty, phone-a-friend, or ask the audience who

яшчэ можна скарыстацца трыма падказкамі: 50/50, званок сябру, дапамога залі, якая з прыемнасьцю прагаласуе па згаданых вышэй пытаньнях.

Якое вока выбіў кавалак бомбы ў жанчыны, што ехала ў суседнім купэ з камікадзэ? Варыянты адказу:

А. правае, калі стаць да яе перадам
Б. правае, калі стаць да яе задам
В. левае, калі стаць да яе перадам
Г. левае, калі стаць да яе задам

Вашае права не сьпяшацца з адказам. Раптам, пакуль Вы будзеце думаць, да нас паступіць новая, дакладнейшая інфармацыя з гарачай кропкі.

І вось ён — ваш трыюмф, ваш узьлёт бяз права на пасадку. Трымайце, трымайце гэтыя грошы, на якіх ужо намаляваны залатымі фарбамі ваш партрэт. Безумоўна, ваш адказ слушны, а інакш і быць не магло, так скажыце шчыра — Вы ведалі ці тыкнулі пальцам у неба? Прапануем магчымыя варыянты адказу:

А. ведаў, бо заўжды гляджу навіны
Б. я маю дзіўную здольнасьць адчуваць усё інтуітыўна
В. гэтая жанчына была маёй жонкай

~~~

will take a great delight in pressing the key that indicates their choice on the keypad.

Which eye of the woman who was sitting in the compartment next to that of a suicide bomber got knocked out?

Here are four possible answers:
A. Right, if you face the woman
B. Right, if you stand with your back to her
C. Left, if you face the woman
D. Left, if you stand with your back to her

Do not rush with your reply. What if, while you are thinking, we should get new, more trustworthy information from the front line.

And here it comes, your triumph! Your splendid takeoff with no right to a landing. Take, take this money, your portrait is already painted on it in gold. Nobody doubts that your answer is right. How could it be different?! Now talk to us, tell us how you guessed the right answer. Here are three possible answers:

A. I knew because I always watch the news
B. I'm psychic
C. This woman was my wife

Я не люблю засынаць. Я маю звычку спаць на сьпіне й складаць рукі на грудзёх, як у нябожчыкаў. Інакш я не засну. Ніколі не засну. Зусім ніколі. Але няма нічога больш вусьцішнага, чым засынаць са скрыжаванымі рукамі. Кожнага разу здаецца, што абавязкова памрэш у сьне праз гэтыя рукі. Не прачнесься, бо заснуў, як нябожчык. І гэта немагчыма трываць, але й ня спаць таксама немагчыма. Я спрабую слухаць, але вуху няма за што зачапіцца. Гэта ня проста адсутнасьць гуку. Гэта цішыня, якую прымусілі замаўчаць сілаю. Гэта цішыня, якой заткнулі рот. Цішыня, якой зьвязалі рукі, ногі й уставілі кляп. Цішыня, якую можна ўбачыць сваімі вачамі, быццам гэта стол, стул, малюнак на сьцяне. Цішыня, якую можна ўбачыць менавіта таму, што яна—гэта той самы стол, стул, малюнак на сьцяне. Яна—гэта расклады цягнікоў, газэты, акуляры, Магдональдз, ліхтары, час, машыны. Гэта цішыня, якая заўсёды размаўляе з табою. Гэта цішыня, якую можна памацаць рукамі, як жанчыну, вызначыць памер яе грудзей, таліі, клубоў, вечарам легчы зь ёю ў адзін ложак і зрабіць для яе каву ўранку. Мне сьніцца вялікая гара, складзеная з камянёў розных памераў і колераў. Яна ўпэўнена стаіць на зямлі магутным каменным трохкутнікам. Здаецца, нішто ня зможа парушыць гэтай упэўненасьці. Мне сьніцца, што па гэтай гары паўзе мураш і цягне на сьпіне малюсенькі, ня большы за пылінку, каменьчык. Ён паўзе ўсё вышэй і вышэй і пры канцы свайго шляху здымае той каменьчык і кладзе яго на самую вяршыню гары, вострую, нібы голка. І раптам гара пачынае развальвацца. Яна абвальваецца пад цяжарам

I don't like to fall asleep. I have a habit of sleeping on my
back with hands on my chest, dead man–style. Otherwise I
won't fall asleep. Never. Never at all. But there's nothing
scarier than falling asleep with your hands crossed. Every
time it seems I would certainly die because of these hands.
And it's hard to bear but to stay awake is also impossible.
I'm trying to listen but my ears can't catch hold of any-
thing. It's not just the absence of sound. It's the silence
that was forced to shut up. It's the silence that had its
throat jumped down. Silence that was tied hands and feet,
and gagged. Silence that you can see with your own eyes;
as if it's a table, a chair, a picture on the wall. Silence that
you can see exactly because it's a table, a chair, a picture on
the wall. It is these train schedules, newspapers, sun-
glasses, McDonald's, streetlamps, time, heavy traffic.
Silence that is constantly talking to you. Silence, that you
can feel with your hands all over as if it were a woman; de-
fine the size of its breasts, waist, thighs, go to bed with it
at night and make it coffee in the morning. I'm dreaming
of a high mountain made of stones of all colors and sizes. It
rises up confidently, a heavy stone triangle. I'm dreaming
of a tiny ant with a grain of sand on its back. It climbs up
the mountain, higher and higher, and on the very top,
sharp as a needle, the ant takes the grain off its back and
puts it on the peak of the mountain. All of a sudden, the
mountain starts collapsing. It falls down under the weight
of a tiny grain of sand and disappears in front of my eyes,
as if it never existed.

Intolerable heat wakes me up. Summer again. Morning
again. Again white trash are under the window. The skin

каменьчыка, ня большага за пылінку, і зьнікае з
паверхні на маіх вачах, быццам яе й не было ніколі.

Я прачынаюся ад нясьцерпнай сьпякоты. Ізноў лета.
Ізноў раніца. Ізноў гопнікі пад акном. Скура прыліпла
да цела, як мокрая адзежа. Не люблю. Тэмпэратура
большая за месячны заробак. У маіх трусах корпаецца
жывая жоўтая малпа, і я не магу нават зьвесьці ног.

is sticking to my body like soaked clothing. Can't stand. The temperature is higher than my monthly wages. There is a monkey messing in my underwear and I can't even close my legs.

~~~

такое белае тваё цела
што ляжу на ім як на сьнезе
у нас кожную ноч — зіма

~~~

your body is so white
that it falls on me like snow
every night is a winter

~~~

успаміны
два
пальцы
якія
засунулі
у
рот
лёсу

~~~

memory
two fingers
thrust
into the mouth
of life

На пароме

здалёк у прыцемках
мне горад падаецца
вялізнай перакуленаю елкай
якую ўпрыгожылі да сьвята
цяпер жа
яна ляжыць
раскінуўшы галіны
і цацкі ліхтарамі
зіхацяць
між
імі

On a Steamer

at night from far away
the city looks like
a huge overturned christmas tree
decorated for a holiday
then thrown away
now
it's lying
with its branches scattered
and its lamps
still glittering
in the dark

Восень у Тампе

гэта нашая кроў высахла
і цярушыцца скрозь пальцы
як пажоўклае лісьце
але тут не бывае восені
і лета нерухома застыла
белаю чапляй ў зялёнай вадзе

Fall in Tampa

it's our blood that's dried up
and crumbles through our fingers
like faded leaves
but there is no fall in here
and summer is standing stock-still
like a white heron in green water

З Пляжаў Фларыды

Сонца скача па галінах аблокаў, як жоўтая малпа.
У вадзе—дзеці—будучыя манархі,
смеючыся, пазначаюць сваю тэрыторыю.

Пляж цячэ як разьліты мёд, і хвалі
пускаюць сьліну і аблізваюць бераг,
на вадзе—хлопчыкі—будучыя магі,
кісточкамі між ног, малююць сонцы.

Толькі захлыбнуўшыся, ты разумееш,
што ўся соль зямлі—у акіянскай вадзе,
што рыбы
ў прыроднай валюце—дробная манэта,
якую ня цяжка здабыць. Ня тое што птушкі—
папяровыя грошы, якім ўсё дазволена.
Яны нават вецер паставілі ракам
і па яго сьпіне спускаюцца да вады
і там пакідаюць вадзяныя знакі.

Ты зьлізваеш з вуснаў салёны мёд,
і паветра прыліпае да насьлюняўленай скуры
і курчыцца на ёй як ў павуціньні муха.

У вадзе—дзеці—нашчадкі малпаў
бессаромна мочацца на люстэрка Бога.

From Florida Beaches

The sun is jumping among the clouds like a yellow monkey.
In the water—children—future monarchs
laughing and marking their territory.

The beach pours like an overturned jar of honey
and waves lick the shore with their watery mouths.
In the water—boys—future mages
painting suns with the brushes between their legs.

Only after choking you realize
that all the salt of the earth is in the ocean's water.
That fish—
according to nature's currency—are a sort of coin
that is easy to catch,
while birds—paper money above the law—
they even put the wind in the doggy position
and sliding on its back they reach the water
and leave their watermarks.

You are licking sour honey off your lips
and the air gets stuck in salivated skin
like a fly in a web.

In the water are children—ape's descendants—
pissing shamelessly on God's mirror.

Польскія імігранты

як яны адарваліся ад зямлі
дзе нават камні пускаюць карані

як дзьве мовы дзеляць адзін рот
бы дзьве жанчыны па адной кухні

як яны пранеслі свае акрываўленыя целы
абмотаныя акардэонамі замест бінту
праз таможню

ці нагадваюць ім новыя гатэлі
каробкі з-пад нямецкага шакаляду

ці праўда
што іхнія падушкі набітыя зямлёю
што мякчэй за любое пер'е

іх твары адрозьніваюцца ад твараў мясцовых
колькасьцю зморшчынаў
быццам яны пачалі
вылепліваць са сваёй скуры нешта іншае
але спыніліся, перадумаўшы
так і не скончыўшы свайго пераўтварэньня.

а зморшчынкі ў кутках іхніх вачэй
перакручаныя і бліскучыя ад поту
нібы абгорткі ад карамелі

Polish Immigrants

how do they break away from the land
where even stones take root

how do two languages share one mouth
like two women in one kitchen

how do they bring their bloody bodies
wrapped in accordions instead of bandage
through Security

do new hotels remind them
of boxes of german chocolate

is it true that their pillows
are stuffed with soil
softer than any feather

their faces differ from the locals'
by the number of wrinkles
as if they started
sculpturing something new out of their skin
but then stopped having changed their minds
and never finished their reincarnation

the tiny wrinkles in the corners of their eyes
twisted and shiny from sweat
like bonbon wrappers

але глядзіш у гэтыя вочы
як у дула стрэльбы —
па што ты прыйшоў
на тэрыторыю іхняга гораду
намаляванага на сьцяне рэстарану
"Смак Еўропы"...

і там ад гэтага смаку
аж сьліна цячэ з вачэй

but when you look into those eyes
you are looking down the barrel of a gun—
what do you need
in the territory of their city
painted on the wall of the restaurant
Taste of Europe

and there
that very taste
fills your eyes with saliva

Cry Me a River

цела ў пастцы голасу
нібыта голас — клетка
і ружы ляцяць на сцэну
як кавалкі чырвонага мяса

ўдыхае — паветра
выдыхае — мора

партэр — тытанік пад вадою
пярсьцёнкі і брошкі
блішчаць як чароды рыбы
у яе няма выбару толькі сьпяваць
у клетцы голасу
пакуль язык
як хлыст паганяе згорблены рот

так будаваліся піраміды
так бабілонскія сады вырошчвалі
не дай ёй скончыць
і калі трэба —
забей дзеля мяса
запах якога яна пажырае

Cry Me a River

her body trapped in a voice
as if it were a cage
and roses thrown on the stage
like pieces of red meat

inhaling—air
exhaling—ocean!

the audience is the *titanic* underwater
brooches and rings
glitter like shoals of fish
she has no choice but to sing
in the cage of a voice
while the tongue
is whipping her gibbous mouth

this is how pyramids are built
and babylonian gardens planted
don't let her finish
and if she needs you to—
kill for the meat
whose smell she devours

~~~

памяць пра цябе — як іголка ў сене
якую адшукаць не магчыма
але куляючыся з іншым мужчынам
у той адрыне
кожны раз баюся яе ўколу

the memory of you
is like a needle in hay
that cannot be found
but every time tumbling with another man
in that hayloft
i'm scared that it will sting me

Пароль

каб увайсьці ў гэтую кватэру
трэба ведаць пароль
але ты едзеш
але ў яе так проста не ўвайсьці

тут яблыкі пятрушка і мае
разяўленыя смочкі
нібы два калівы чырвонае ікры
вось будзе ежа
але ты едзеш

рукой
яе пясочным колерам
трымаесься парэнчаў
шмат парэнчаў
і шмат твайго пяску на іх
і выйсьця
ня маю з той пустыні

мы здымем памяць быццам прастытутку
на гэты вечар
пакатаем яе на коніку драўляным па кватэры
але ў яе так проста не ўвайсьці

ты бачыш як па дыску цыфэрблятным
дзьве стрэлкі прагна носяцца па крузе
адна другой наскоквае на плечы

Password

if you want to enter this flat
you should know the password
and yet you travel
and yet you won't get in easily

there are apples parsley and my
round bare nipples
like two grains of red caviar
they will make a good dessert
and yet you travel

your hand
its color of sand
holds tight to the rails
the railings are long
and there's a lot of your sand on it
and i have no way out of this desert

we will pick up a memory
like a prostitute for this night
and walk it on a wooden horse
round the flat
and yet you won't get in easily

on the face of the clock
you see the hands stampeding
jumping on each other's shoulders

насcoквae на плечы і гвалтуе
і мы—іх ненароджаныя дзеці
дык дзе ты кажаш быў калі цябе
на плошчы ўначы я забівала

jumping and being trampled by each other
and here we are their unborn children
where do you say you were when i
was killing you in the city square at night?

Ты бачыш сваё жыцьцё як рэч, пазычанаю на нейкі час у суседзяў. Ты кажаш—асьцярожна з ім, гэта чужое. Яго трэба будзе аддаць такім, якім яго нам прынесьлі. Ты бачыш сваё жыцьцё, як рэч, пазычаную ня толькі табе, але ўсім нам. Вакол твайго жыцьця, як вакол першага чорна-белага тэлевізара, мы сядзім усе разам у захапленьні.

Не жыцьцё вучыць цябе—ты вучыш сваё жыцьцё. Быць самім сабою. Аддаваць сябе да канца. Быццам ты падабрала сваё жыцьцё з жалю на вуліцы, такое ўжо яно было голае і галоднае. І гэты смак голаду ў тваім роце, такі моцны, што перабіваў смак і запах усяго, што б ты потым ня ела. Гэты смак голаду, як ён сьпяваў для мне, як загаворваў! Гэты дотык галоты, такі незьнішчальны, што сьцюжа прабірала цябе да касьцей, што б ты потым не апранала. Гэты дотык галоты, як ён мяне абдымаў, як укалыхваў!

Я бачу тваё жыцьцё, як біблію для Бога. Як тое, па чым Бог павінен даведацца пра чалавека і паверыць у яго на слова, як і мы ў яго. Я бачу, як Бог стаіць перад тваім жыцьцём на каленях.

"Дарагая Вальжыніна бабуля, зьвяртаецца да цябе Бог. Мы асабіста незнаёмыя, але, можа, ты пра мяне і чула—пра мяне пісалі ў некаторых кніжках. Я не магу доўга размаўляць і гэтыя

~~~

for Grandmother

You see your life as something borrowed for the time being from your neighbor. You say—be careful with it, it's not ours. We'll have to give it back. Beside your life, as if beside the first black-and-white TV set, we all sit amazed.

It's not your life that teaches you—it's you who gives your life a lesson. To be yourself. To give yourself to the end. As if you took life home from the street, so strikingly naked and hungry it was, and this strong taste of hunger in your mouth that could cover the taste or smell of anything you would eat later on. This taste of hunger, how it would sing to me! How it would lullaby! This touch of nakedness so persistent that you would stay frozen to the bone no matter what you wear later on. This touch of nakedness: how it would hold, how it would cradle me!

I see your life as God's bible, as a manual that will teach God about humans and make him believe in them. I see God kneeling beside your life.

Dear Valzhyna's grandmother! This is God talking to you. We haven't been personally introduced, but you might have heard about me—I was mentioned in books here and there. I can't talk long. These tears appear so out of the blue, like an enemy army, special forces landing on my face. These tears in their uniforms of protective color—transparent in the air, adopting the color of cheek, of anything they land upon. Grandmother! I'm so old that many already speak publicly of my death! If it

83

сьлёзы з'яўляюцца ў маіх вачах нечакана, як захопніцкае войска,
як высадка спэцназу на твар. Гэтыя сьлёзы ва уніформе ахоўнага
колеру — празрыстыя ў паветры, яны прымаюць колер шчок і
ўсяго, на што падаюць. Бабуля! Я такі стары, што шмат хто
ўжо ўголас пацьвярджае маю сьмерць! Яшчэ крыху, і я сам паверу
ў яе. Пасадзі мяне да сябе на калені, распавядзі мне, як зямля
трымаецца на чарапахах. Твае рукі на дотык — як чарапашы
панцыр. Дай мне схаваць пад імі сваю галаву."

keeps going like this I myself will soon believe it. Put me on your lap,
tell me the stories about the world that is standing on tortoises. Your
hands feel like a tortoise's shell. Let me hide my head in them.

Запаветная зямля

прысьнілася, што ты і я
разам едзем у эфіопію.
ты — на самалёце,
а я на аўтобусе.
табе 79.
мне 24.
ты прыедзеш першай
і будзеш чакаць,
пакуль і мой аўтобус дацягнецца
да нашай з табою
эфіопіі.

Promised Land

i dreamed you and i
are going to ethiopia together
you are taking a plane
and i'm going by bus
you are 79
i'm 24
you'll get there first
and will be waiting
till finally my bus also reaches
our ethiopia

Рафалу Ваячку

перад вачыма
лезе ў рот
над вухам
брыдкаю мухай
лётае сьмерць
перашкаджае
глядзець
есьці
слухаць
нарэшце здолеў яе ўхапіць
сьціснуць
у кулаку
і ў выніку
больш нічога не трэба
адарваў яе крыльцы
галаву
адпусціў яе мітусіцца
на падлогу
і назіраеш падоўгу
дакладней вечна

~~~

for Rafal Wojaczek

getting into your eyes
mouth
ear
like a filthy fly
death is circling
interfering
with seeing
eating
listening
finally
you managed to catch it
squeeze it
in the fist
you are satisfied now
you tore its wings
its head
and let it flutter
on the floor
and you observe at length
or should I say forever

Берлін–Мінск

праязджаем варшаву.
лета. вечар.
ператварылася ў вецер
сэрца.
і дзьме,

дзесяць хвілін на вакзале.
вечар. лета.
круціцца як планета
сэрца
ў мяне ўнутры.

і гэта не ком у горле,
што не сказаць і слова.
гэта так адмыслова,
гэта так напралом,
сэрца лезе праз рот
і напружвае зрок.

Berlin–Minsk

Passing Warsaw.
Summer. Dusk.
Heart has become
wind
and started blowing.

Ten minutes in the station.
Midnight. Summer.
Heart inside the chest
is spinning
like a planet.

It's not a lump in the throat
that's made you mute.
This is how brutally,
this is how tight
heart climbs out of the mouth
and strains eyesight.

Н'ю Йорк

н'ю йорк мадам —
    гэта помнік гарадам
гэта —
      ТА-ДАМ
гіганцкая рыба
у якой луска ад зьдзіўленьня
паўстала дыбам

і ўсё што дагэтуль было дымам
знайшло агонь які яго нарадзіў

пена шампанскага
пераплаўленая ў метал
шкляныя рэкі
запушчаныя ўгару
і тое пра што ня скажаш ксяндзу
тут выкладваеш таксісту

і нават час ідзе з аншлягам
калі пад агульны ох і ах
з чорнай шляпы
хвастаты маг
вымае н'ю йорк
за вушы хмарачосаў

New York

new york, madame,
is a monument to a city
it is
TA-DA
a gigantic pike
whose scales
bristled up stunned

and what used to be just smoke
found the fire that gave it birth

champagne foam
melted into metal
glass rivers
flowing upward,
things you won't tell to a priest
you reveal to a cabdriver

and even time is sold out
when to the public's "wow" and "shhh"
from a black top hat
a tailed magician
is pulling new york
by the ears of skyscrapers

Мужчыны

мужчыны прыходзяць як лічбы ў календары
і потым ізноў паўтараюцца раз на месяц
мужчыны што бачылі дно
      найглыбейшых бутэлек
багі зямныя нябесныя каралі
і быццам пацеркі разарваных караляў
разьлятаюцца дрыжыкі ад дотыку іхных рук.
на стук іх сэрцаў—адчыняюцца дзьверы
на гук іх голасу—плывуць караблі
і вецер ліжа іх твар што дурны сабака
і нясецца цягніку наўздагон
яны распрануць мяне быццам саміх сябе
і будуць трымаць у руках як саксафон
і гэтая музыка музыка іхныя блюзы
ліюцца як малако з жаночых грудак.
такіх высокіх нот не адолеюць людзі
такіх высокіх нот баяцца багі
мужчыны што вучаць дзяцей дзіцячаму сьмеху
мужчыны што вучаць час не стаяць на месцы
мужчыны што любяць мужчын у туалетах клюбаў
мужчыны што цалавалі рукі самое сьмерці
мужчыны што ніколі мне не павераць
which bound me to a chair
mama their lips fall on me
like burning planes
they are powerful patient
and when the world crashes

Men

men arrive like a date on a calendar
they keep visiting once a month
men who've seen the bottom
of the deepest bottles
kings of both earth and heaven
and like the pearls from a torn necklace
trembling i scatter at their touch
their heartbeats open doors
vessels respond to their voice commands
and wind licks their faces like a crazy dog
and gallops after their train and roams
they undress me as if undressing themselves
and hold me in their arms like a saxophone
and oh this music these endless blues
like milk from breasts
those notes too high for human ears
too low for gods'
men who teach children to laugh
men who teach time how to run
men who love other men in club toilets
men who've kissed the hand of death herself
men who've never paid attention to my threats
nightmares which bound me to a chair
mama their lips fall on me
like burning planes
they are powerful patient
and when the world crashes

everyone runs for the shelters
they pause to pluck one of my lashes
mama not even mine
just anyone's mama
come back
rescue me find me
in this plane wreck

everyone runs for the shelters
they pause to pluck one of my lashes
mama not even mine
just anyone's mama
come back
rescue me find me
in this plane wreck

Алькаголь

машыны ляцяць як пляўкі
ноч завялася бы лялька
мамку мамку просіць
і ўся чарнее ў чаканьні
і чарка за чаркай
і чарка за чаркай
як самалётаў узлёты пасадкі

на тратуарах — люкаў пячаткі
"на перагляд"
                        "брак"
"недапушчальна"
ноч апускаецца як столь
час перабірае пацеркі
пацерка за пацеркай
пацерка за пацеркай

і зранку чорная кава
кава жалобная
горка плача мне ў горла

Alcohol

cars are flying like spit
night turned on like a clockwork doll
she breaks into mama mama
and blackens in the blast
and glass after glass
and glass after glass
like air force landings and takeoffs

and seals of hatches underfoot
"needs revision"
"defective"
"unfit"
night is descending like a ceiling
time is counting its beads
bead after bead
bead after bead

and in the morning black coffee
mourning coffee
cries bitterly
into my throat

~~~

для I.

ты —
забіты людзьмі цягнік.
людзі гамоняць, сварацца, пераходзяць на крык.

піхаюць локцем у сьпіну,
нібы забіваюць цьвік.

ты —
гэты цягнік, машына,
якой бракуе паветра.
немагчыма, каб усім тут хапіла месца.

і я адзіная, што купіла білет.
але да дзьвярэй не дабяруся, канечне.
мне прыйдзецца ехаць у тваім цягніку да *конечной*.

ты —
цягнік, забіты людзьмі
да сьмерці.

~~~

for I.

you are
a train choked with people,
who speak, argue, yell their heads off,

who nail your back
with their elbows.

you are—
a train, a vehicle,
gasping for breath.
how come everybody found a place.

and i'm the only passenger with a ticket,
but i won't manage to squeeze to the exit in time,
i'll have to keep traveling till the terminal.

you are—
a train, choked by people
to death.

Настаўнік

для Лінды Грэг

калі ты хочаш быць маім настаўнікам
табе трэба стаць тыграм
каб ты мог адкусіць маю галаву
каб потым я хадзіла паўсюль за табою
намагаючыся адабраць сваю галаву назад

Teacher

for Linda Gregg

if you are going to be my teacher
you will have to become a tiger
so that you can bite my head off
and i'd have to follow you everywhere
trying very hard to get my head back

Паходжаньне сьлёзаў

сьлёзы
        гэта калі
сэрца абліваецца потам
у шахце грудной клеткі
ніколі ня бачыўшы сонца

чуеш, як сэрцу баліць сьпіна?
чуеш, як сэрцу баліць у грудзях?

сьлёзы
        гэта калі
сэрца плюе табе ў вочы

Origin of Tears

tears
        this is when
your heart is sweating
in the mine of the thorax
never seeing the sun

do you feel the heart's back aching?
do you feel the heart's chest aching?

tears
        this is when
the heart spits in your eyes

Беларуская мова II

за тваімі межамі, мая краіна,
пачынаецца вялізны дзіцячы дом.
і ты вядзеш нас туды, беларусь.
можа нарадзіліся мы бяз ног,
можа ня тым багам молімся,
можа табе ад нас гора,
можа мы невылечна хворыя,
можа няма чым табе нас карміць,
так хіба ж ня ўмеем мы жабраваць,
можа ты й ніколі не хацела нас,
але ж і мы напачатку
ня ўмелі цябе любіць.

твая мова такая маленькая,
што яшчэ й размаўляць ня ўмее.
а ты, беларусь, у гістэрыцы,
табе ўсё здаецца,
што акушэркі пераблыталі скруткі.
што ж табе зараз, карміць чужое дзіцяці,
сваім малаком паіць мову чужую?
мову, што ляжыць сіняя на падваконні,
ці мова гэта, ці шэрань мінулагодняя,
ці шэрань гэта, ці толькі цень ад іконы,
ці цень гэта, ці проста нічога.

гэта ня мова.
бо ў ёй няма аніякай сыстэмы.

Belarusian II

outside your borders,
they built a huge orphanage,
and you left us there, belarus,
maybe we were born without legs?
maybe we worshipped the wrong gods?
maybe we brought you misfortune?
maybe we were deathly sick?
maybe you were not able to feed us?
but couldn't we just beg for food?!
maybe you never really wanted us,
but at first we also
didn't know how to love you

your language is so small
that it can't even speak yet,
but you, belarus, are hysterical,
you are certain
that midwives mixed up the bundles
what if you're feeding somebody else's baby?!
letting another's language suck your own milk?!
a bluish language lying on the windowsill—
is it a language or last year's hoarfrost?
is it hoarfrost or an icon's shadow?
is it a shadow or just nothing?

it's not a language.
it doesn't have any system.

яна як сьмерць, раптоўная і неразборлівая,
як сьмерць, ад якой немагчыма памерці,
як сьмерць, ад якой мерцьвякі ажываюць.

мова, дзеля якой дзяцей кладуць на патэльню,
мова, дзеля якой брат забівае брата,
мова, ад якой нікому не ўратавацца,
мова, што нараджае ўродаў-мужчын,
нараджае жанчын-жабрачак,
нараджае безгаловых жывёлаў,
нараджае жаб з чалавечымі галасамі.

гэтая мова не існуе!
яна нават не мае сыстэмы!
з ёй размаўляць не магчыма,
яна адразу б'е ў морду!
нават на сьвяты
гэтую мову па горадзе не разьвесіш...
яе ўжо не ўпрыгожаць ні фэрвэркі,
і ні нэон,

я а клала на тую сістэму свой
А К А Р Д Э О Н

а мой акардэон—
ён як расцягне мяхі—
як горныя вярхі—
такі, мой акардэон,
ён ежу бярэ з рукі,
ён ліжа і як дзіця
не злазіць з маіх кален,

it is like death—sudden and unscrupulous.
like death you can never die from,
like death that brings the dead to life

language that makes you burn newborns
language that makes a brother kill a brother
language that nobody can hide from
language that delivers men-freaks
delivers women-beggars
delivers headless beasts
delivers toads with human voices

this language does not exist!
it doesn't have any system!
it's impossible to talk to it—
it strikes you in the face at once!
even on holidays
you won't decorate the city with it
it can't be doctored up with either fireworks
or neon light

oh, come on, let this system kiss my
a c c o r d i o n

and my accordion
when it stretches its bellows
my accordion looks
like mountain peaks
it eats from my hands
it licks them and like a kid
won't get off my lap

але калі трэба ён
пакажа свой траляля!

but time will come and it will
show its ta ra ta ta

Фабрыка сьлёз

і ізноў па выніках году
самых высокіх паказальнікаў
дасягнула фабрыка сьлёз.

пакуль міністэрства транспарту таптала абцасы,
пакуль міністэрства сардэчных справаў
білася ў гістэрыцы,
фабрыка сьлёз працавала па начах,
нават па сьвятах
ставіла рэкорды вытворчасьці.

у час калі станцыя па апрацоўцы ежы
перажоўвала чарговую катастрофу,
фабрыка сьлёз перайшла на эканамічна рэнтабэльную
перааапрацоўку адходаў мінулага—
галоўным чынам, асабістых успамінаў.

фотаздымкі работнікаў году
ўрачыста разьмясьцілі на сьцяне плачу.

я—інвалід працы фабрыкі-героя сьлёз,
у мяне на вачах мазалі,
у мяне пералом шчок.
мне плацяць заробак прадукцыяй, якую я вырабляю.
і я шчасьлівая тым, што маю.

Factory of Tears

And once again according to the annual report
the highest productivity results were achieved
by the Factory of Tears.

While the Department of Transportation was breaking heels
while the Department of Heart Affairs
was beating hysterically
the Factory of Tears was working night shifts
setting new records
even on holidays.

While the Food Refinery Station
was trying to digest another catastrophe
the Factory of Tears adopted a new economically
     advantageous
technology of recycling the wastes of the past—
memories mostly.

The pictures of the employees of the year
were placed on the Wall of Tears.

I'm a recipient of workers' comp from the heroic Factory
     of Tears.
I have calluses on my eyes
I have compound fractures on my cheeks.
I receive my wages with the product I manufacture.
And I'm happy with what I have.

About the Author

Valzhyna Mort was born in Minsk, Belarus. Her first book of poetry, *I'm as Thin as Your Eyelashes*, came out in Belarus in 2005.

In 2004 in Slovenia she received a Crystal Vilenica Award for best poetry performance. She was the recipient, in 2005, of a Gaude Polonia scholarship in Poland, and, in 2006, of a writing fellowship from Literarisches Colloquium Berlin, Germany.

She lives in the United States.

About the Translators

Elizabeth Oehlkers Wright lives in Waltham, Massachusetts, with her husband, Franz Wright. She received an M.F.A. in Literary Translation from the University of Arkansas in 1996 and has been awarded the 1993 Gary Wilson Award, the 1996 ALTA Student Award, and AGNI's 2001 William J. Arrowsmith Award. Her translations of poetry have appeared in *Another Chicago Magazine, AGNI, Seneca Review, Dimension², Language International, Delos,* and elsewhere.

Franz Wright was born in Vienna in 1953. During his youth, his family lived in the northwestern United States, the Midwest, and northern California. Wright's most recent collections of poetry include *God's Silence, Walking to Martha's Vineyard,* which received a Pulitzer Prize, *The Beforelife, Ill Lit: Selected and New Poems, Rorschach Test, The Night World and the Word Night,* and *Midnight Postscript.* He has also translated poems by René Char, Erica Pedretti, and Rainer Maria Rilke. Wright has received the PEN/Voelcker Award for Poetry, as well as grants and fellowships from the Guggenheim Foundation, the Whiting Foundation, and the National Endowment for the Arts. He lives in Waltham, Massachusetts.

Copper Canyon Press gratefully acknowledges
Lannan Foundation for supporting the publication and
distribution of exceptional literary works.

LANNAN LITERARY SELECTIONS 2008

Lars Gustafsson, *A Time in Xanadu*

David Huerta, *Before Saying Any of the Great Words:
Selected Poetry*

Sarah Lindsay, *Twigs and Knucklebones*

Valzhyna Mort, *Factory of Tears*

Dennis O'Driscoll, *Reality Check*

LANNAN LITERARY SELECTIONS 2000–2007

Maram al-Massri, *A Red Cherry on a White-tiled Floor: Selected Poems,*
translated by Khaled Mattawa

Marvin Bell, *Rampant*

Hayden Carruth, *Doctor Jazz*

Cyrus Cassells, *More Than Peace and Cypresses*

Madeline DeFrees, *Spectral Waves*

Norman Dubie
The Insomniac Liar of Topo
The Mercy Seat: Collected & New Poems, 1967–2001

Sascha Feinstein, *Misterioso*

James Galvin, *X: Poems*

Jim Harrison, *The Shape of the Journey: New and Collected Poems*

Hồ Xuân Hương, *Spring Essence: The Poetry of Hồ Xuân Hương,*
translated by John Balaban

June Jordan, *Directed by Desire: The Collected Poems of June Jordan*

Maxine Kumin, *Always Beginning: Essays on a Life in Poetry*

Ben Lerner, *The Lichtenberg Figures*

Antonio Machado, *Border of a Dream: Selected Poems,*
translated by Willis Barnstone

The Chinese character for poetry is made up of two parts: "word" and "temple." It also serves as pressmark for Copper Canyon Press.

Since 1972, Copper Canyon Press has fostered the work of emerging, established, and world-renowned poets for an expanding audience. The Press thrives with the generous patronage of readers, writers, booksellers, librarians, teachers, students, and funders—everyone who shares the belief that poetry is vital to language and living.

Major funding has been provided by:

Anonymous (2)

Beroz Ferrell & The Point, LLC

Lannan Foundation

National Endowment for the Arts

Cynthia Lovelace Sears and Frank Buxton

Washington State Arts Commission

For information and catalogs:

COPPER CANYON PRESS
Post Office Box 271
Port Townsend, Washington 98368
360-385-4925
www.coppercanyonpress.org

Factory of Tears is set in Fedra Serif B, designed by
Peter Biľak in 2003. This OpenType version contains
the glyphs necessary to set Belarusian. Book
design and composition by Valerie Brewster,
Scribe Typography. Printed on archival-quality
paper at McNaughton & Gunn, Inc.